Che Cazzo Fai
Libro Da Colora...

Vaffanculo

Mona

Culo

Vai A Cagare

Sculettare

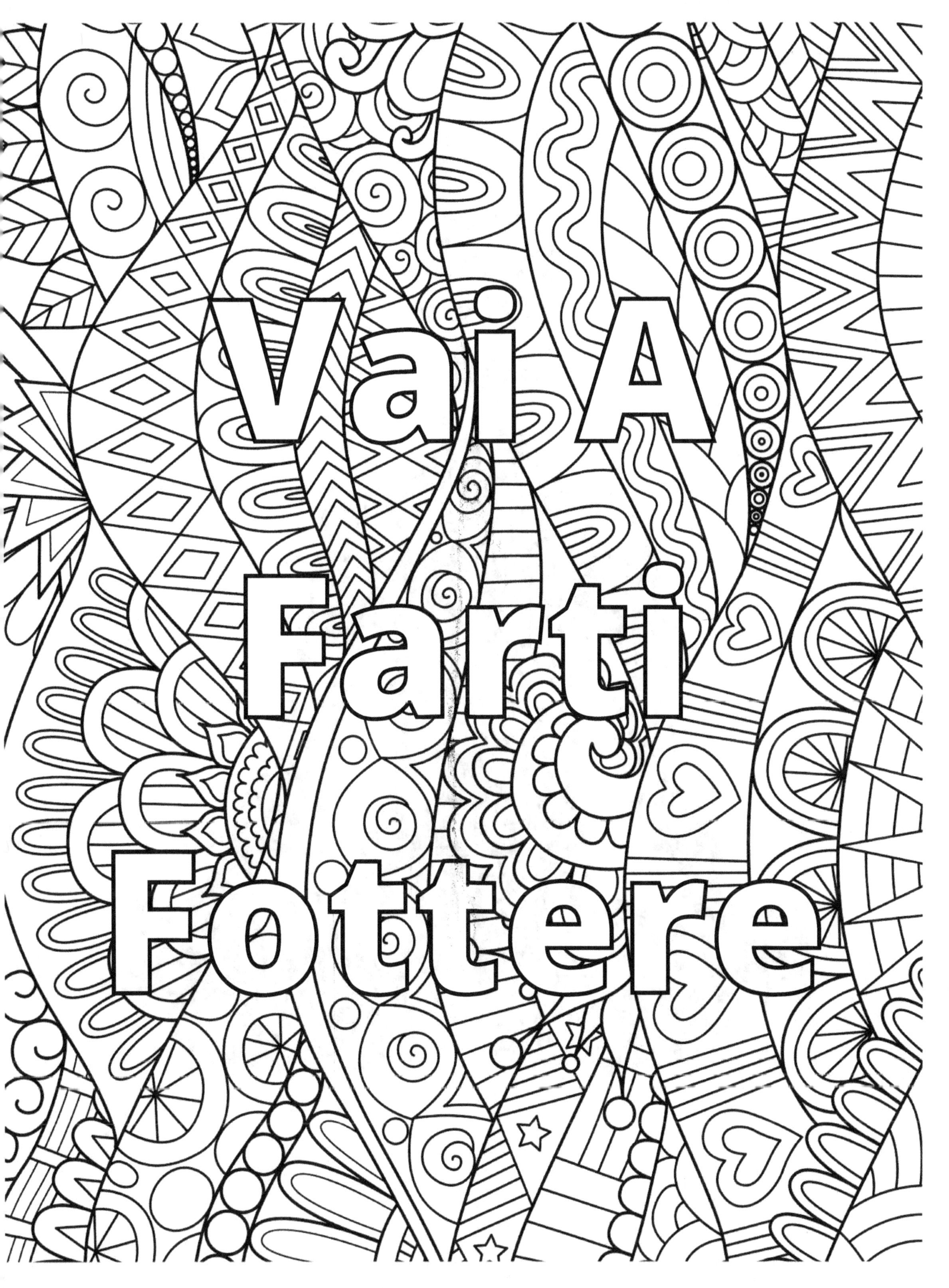

Vai A
Farti
Fottere

La Prostituta

Vai A Quel
Paese

Cazzo

Un Cretino

Minchia

Ma Che Cazzo

Quel
Cazzo Di
Computer

Fai Cagare

Stronzo

Farsi Una Sega

Una Puttana

Cagna

Cazzo Di Cane

Puttana

Tette

Fanculo

L'idiota

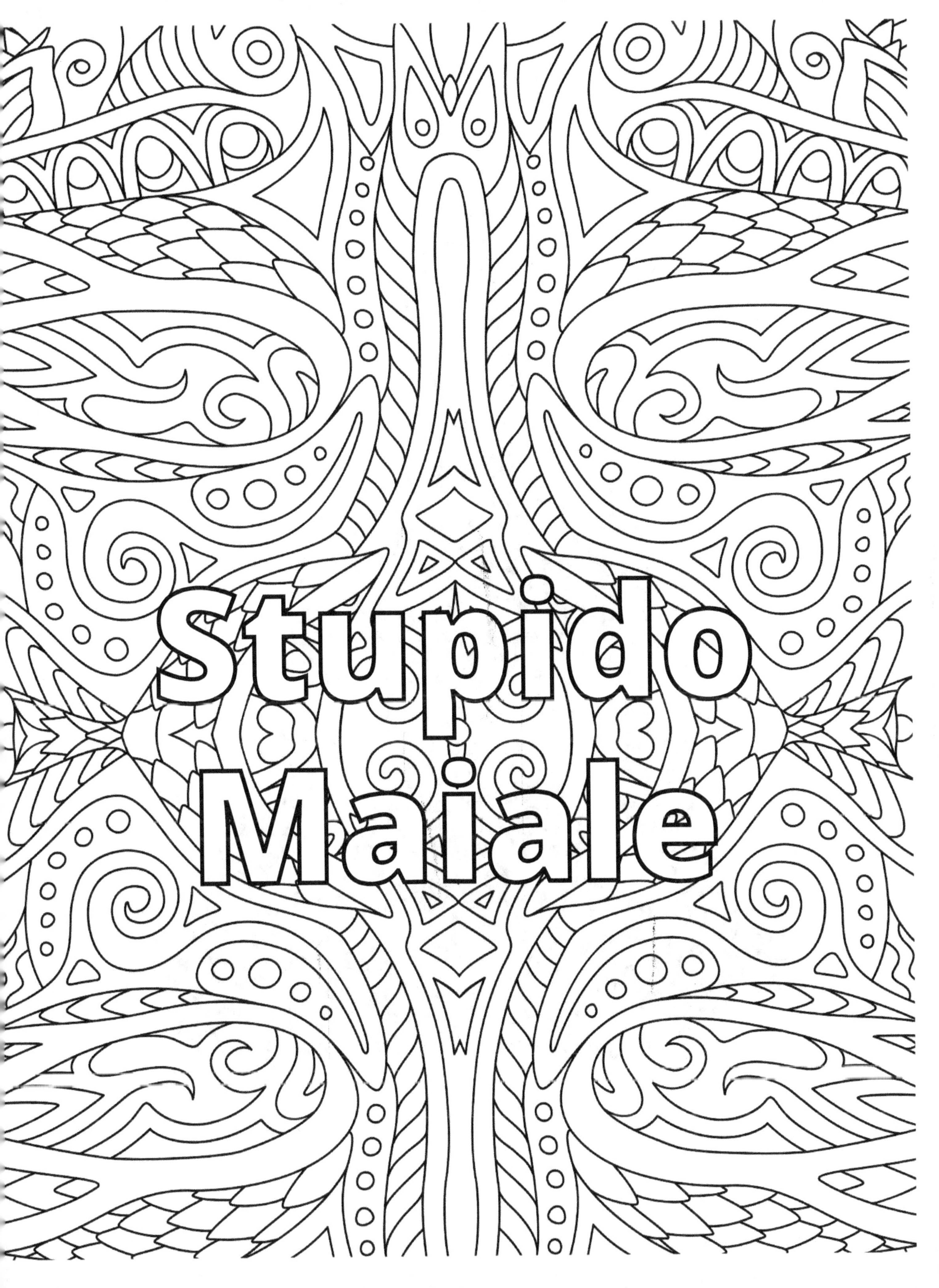

Stupido
Maiale

Il Bastardo

Merda

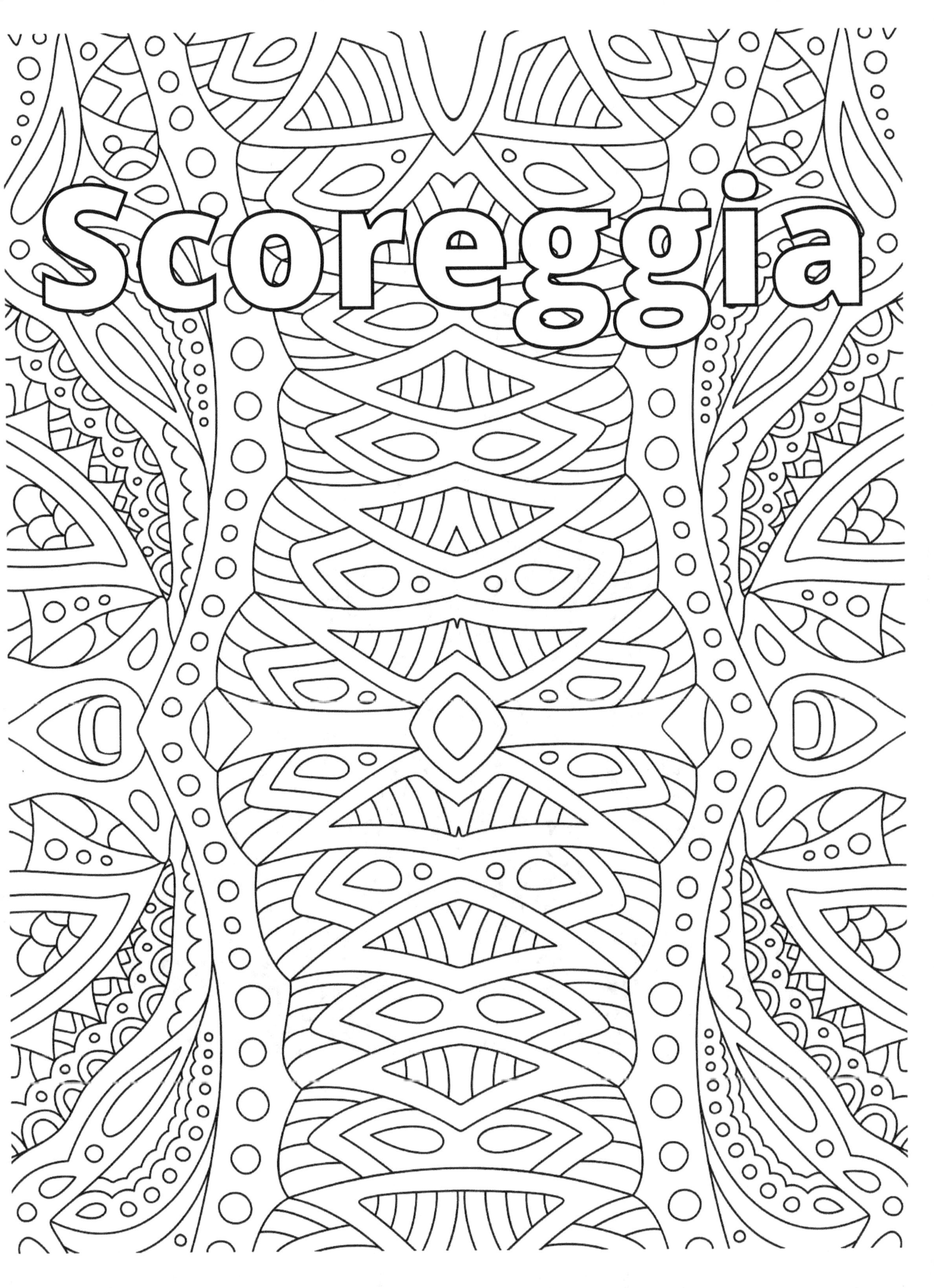
Scoreggia

Cacca

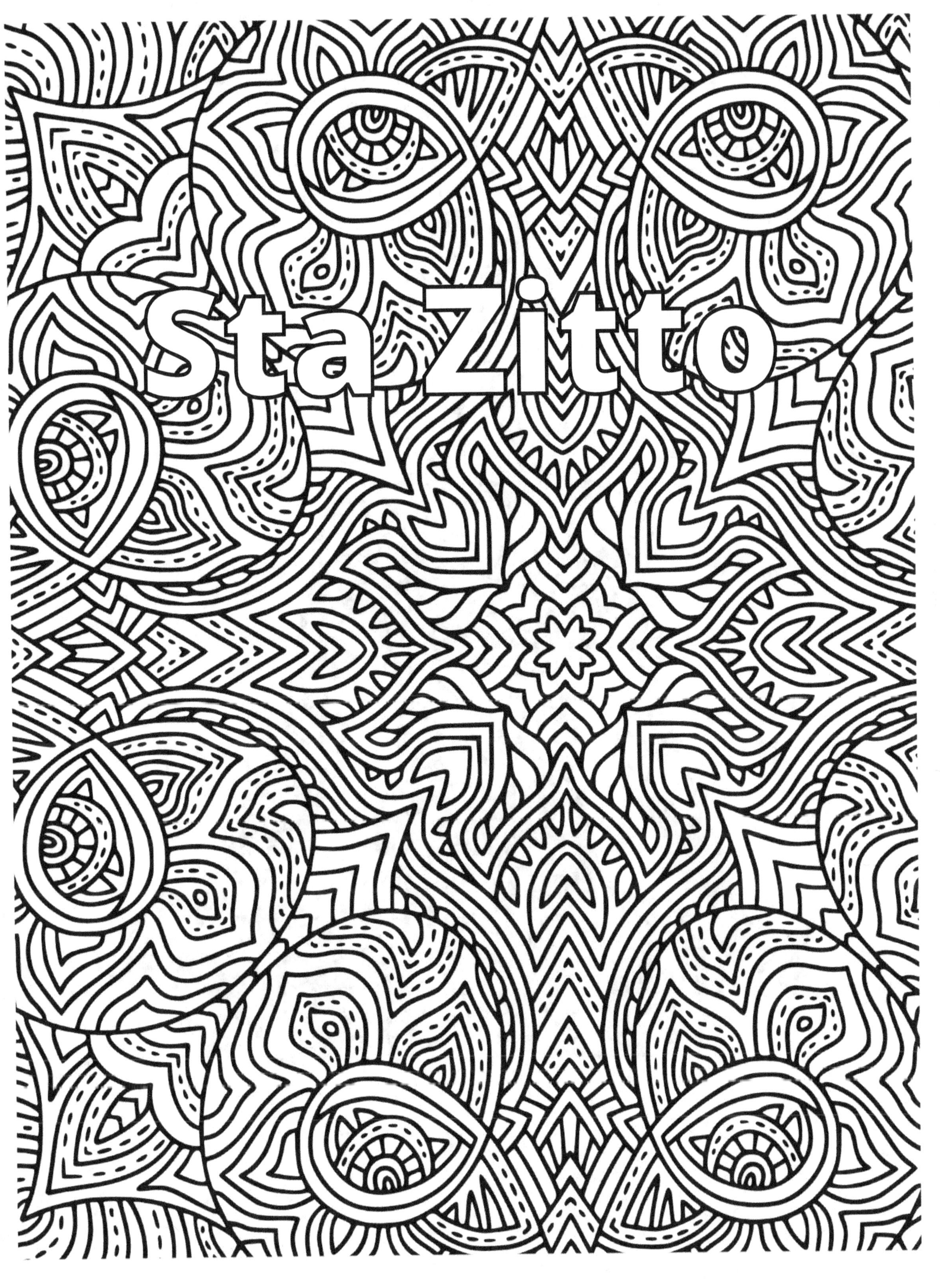
Sta Zitto

Schifoso

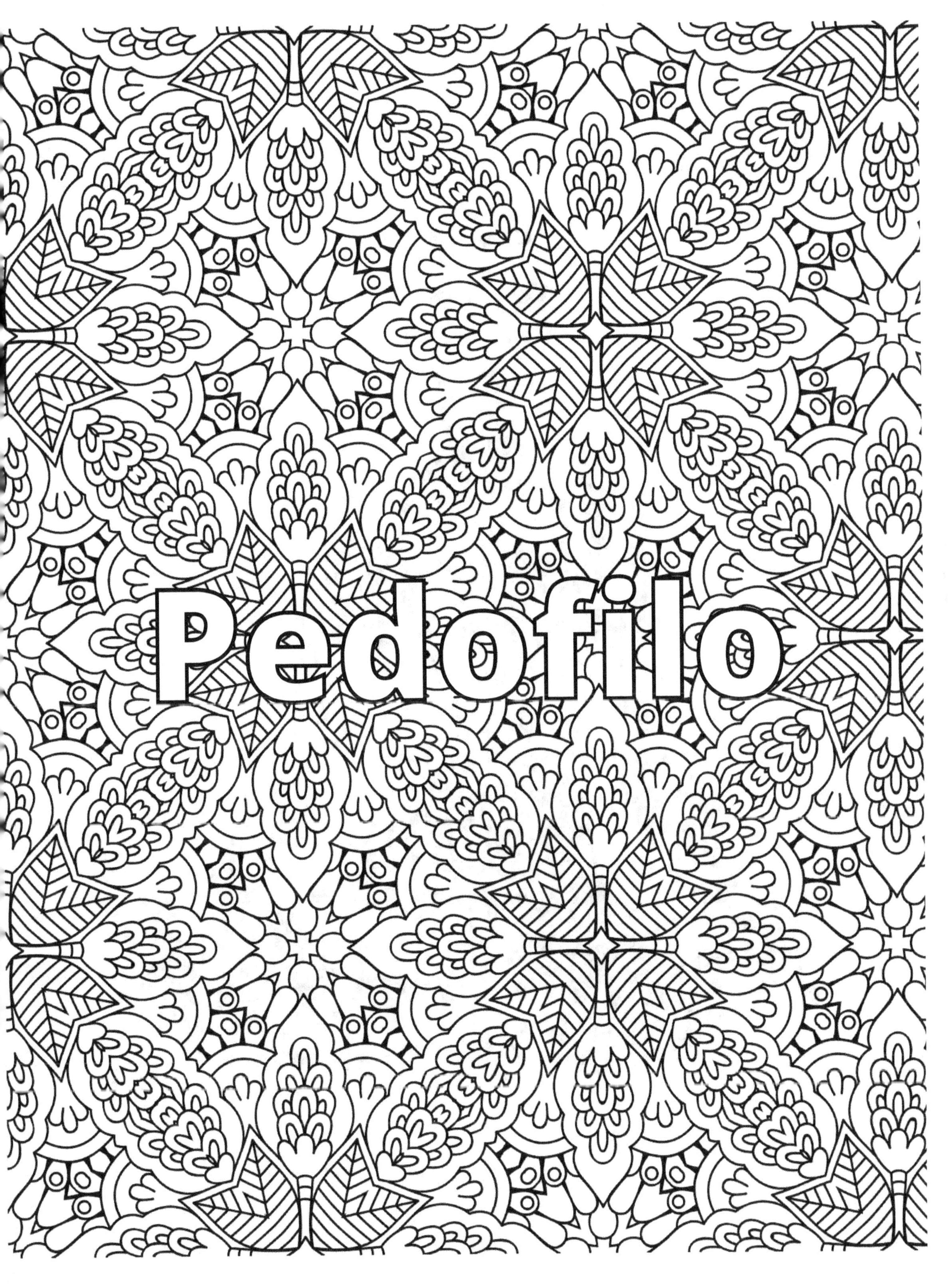

Pedofilo

Brutta

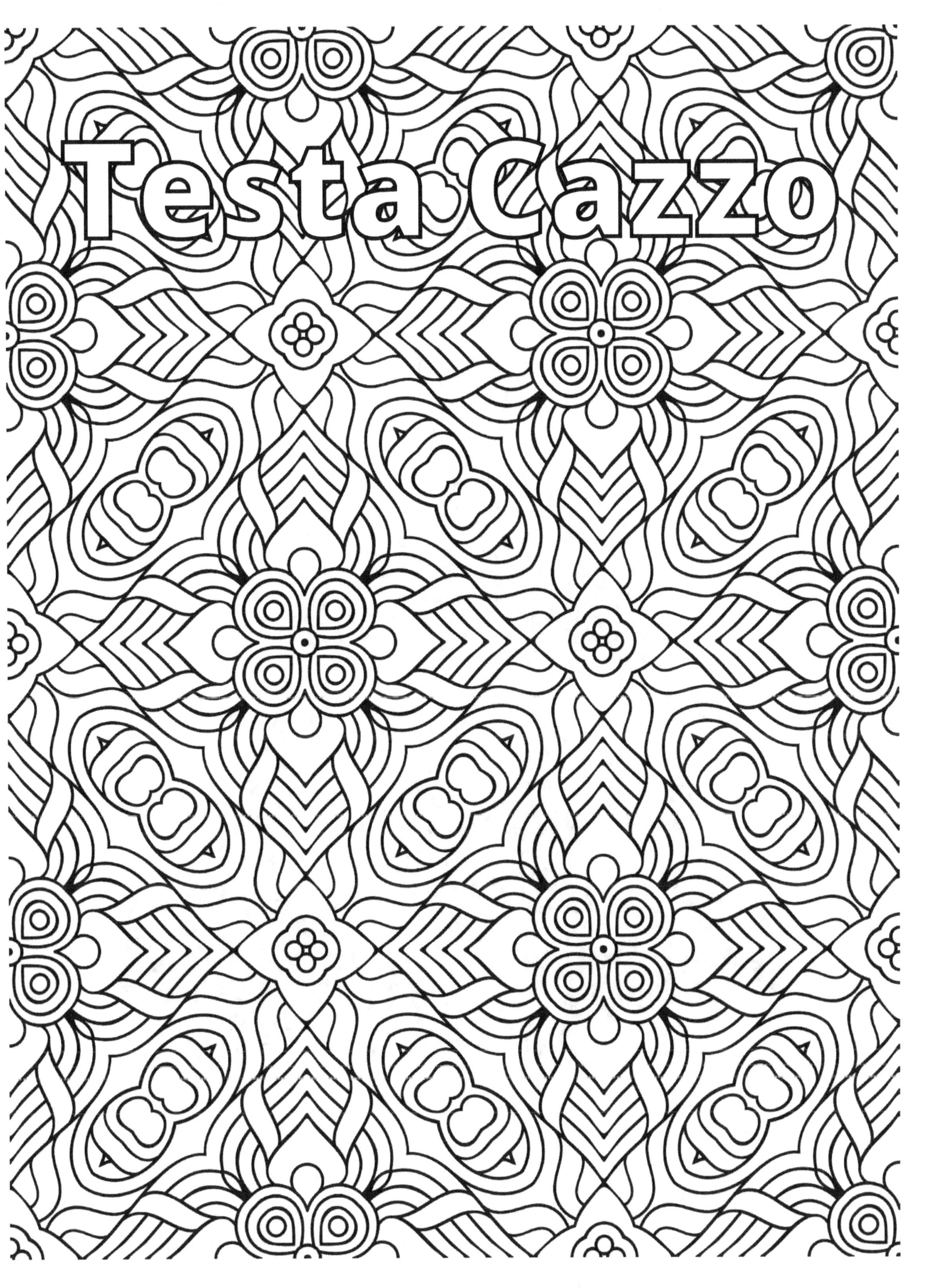
Testa Cazzo

Leccaculo

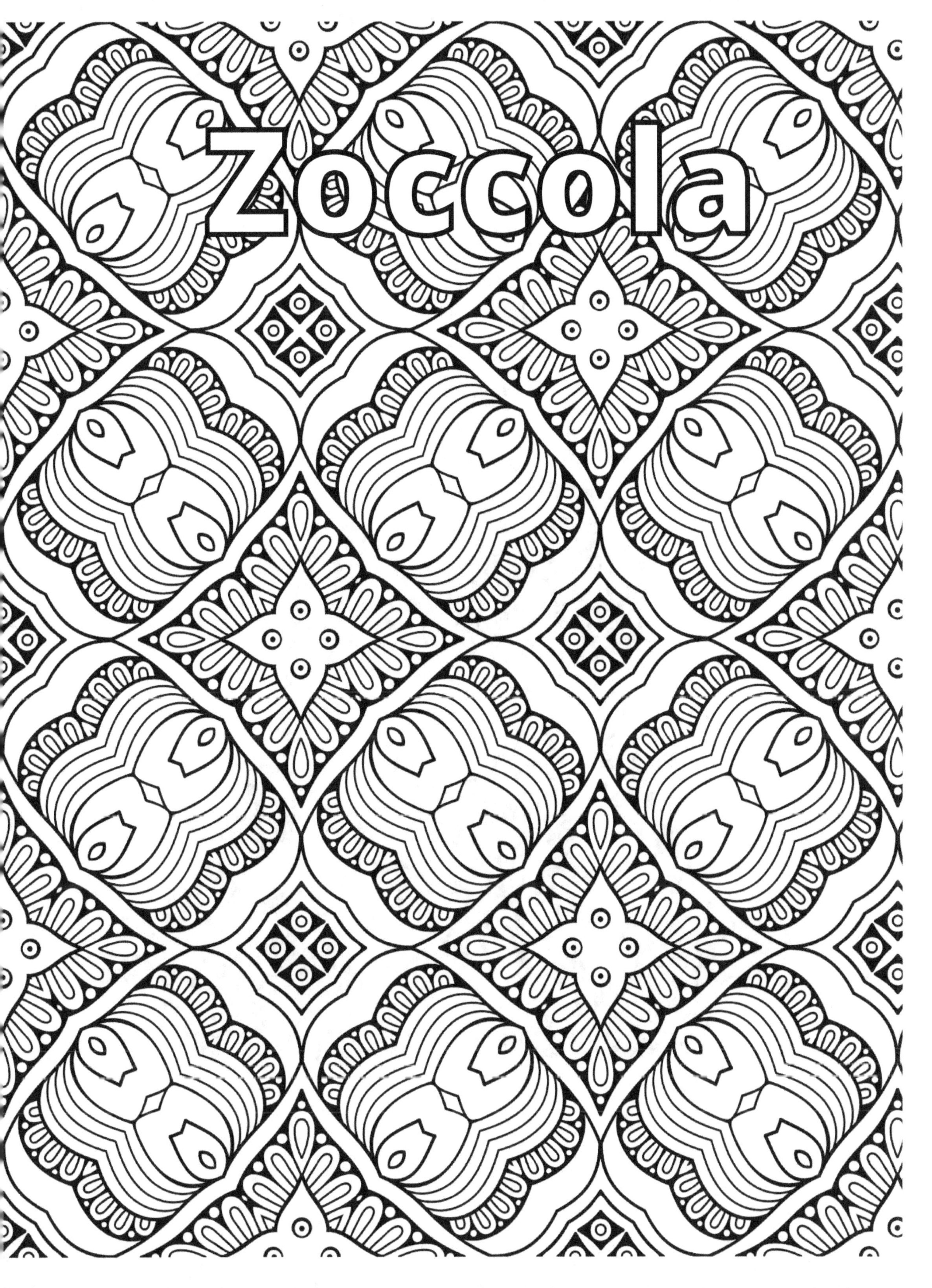
Zoccola

Cornuto

Cagare

Culo

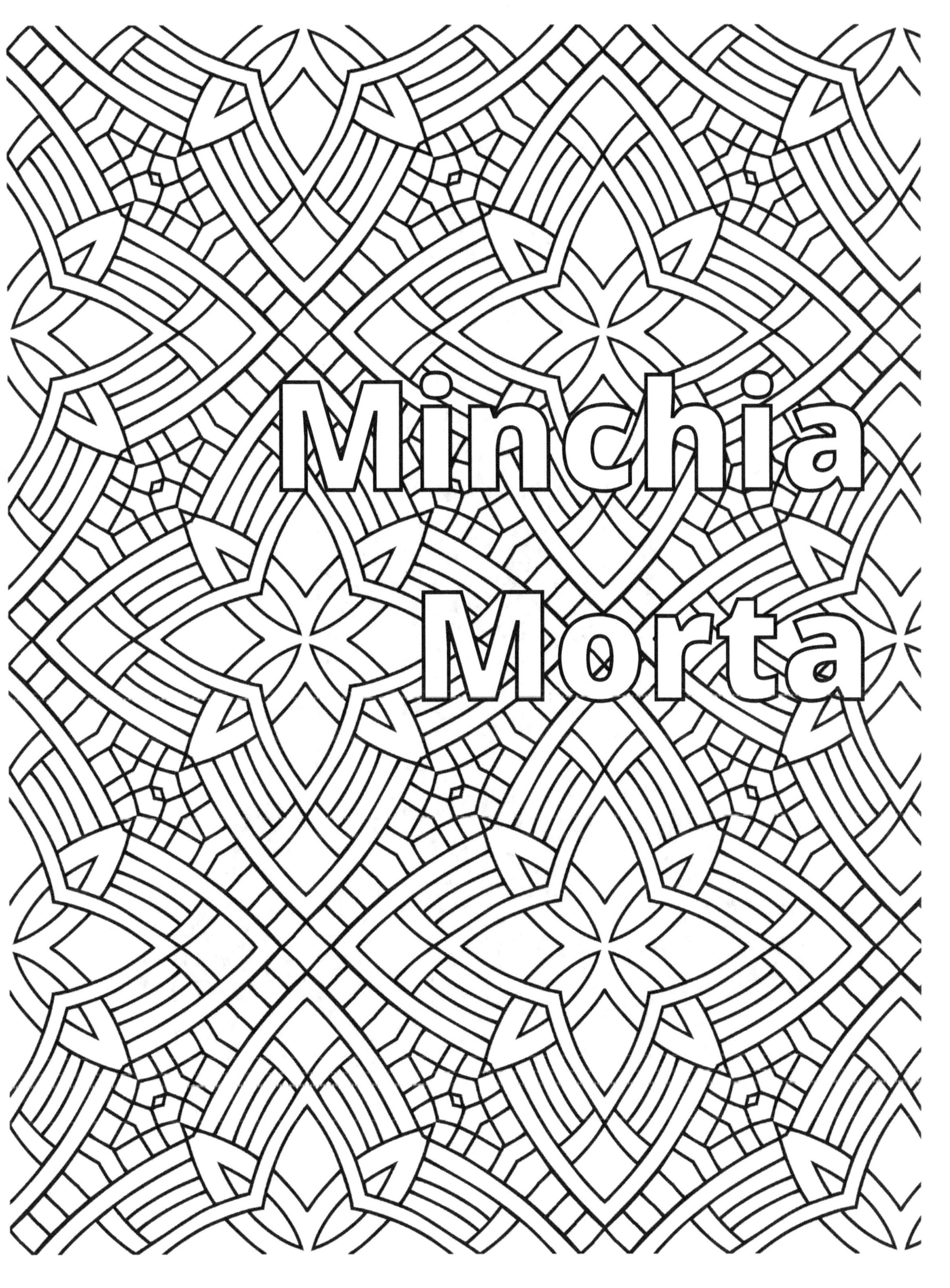

Minchia
Morta

Coglione

Cosa ne pensate del nostro prodotto?

Non aspettare e condividi la tua opinione oggi!